AF300705

FREAKONOMICS

Überraschende Antworten auf
alltägliche Lebensfragen

Zusammenfassung & Analyse
des Bestsellers von Steven Levitt
und Stephen Dubner

Verfasst von Alison Brogan
Übersetzt von Florian Siegl

FREAKONOMICS

KONVENTIONELLES WISSEN HINTERFRAGEN UND LÖSUNGEN ABSEITS DER EIGENEN INTUITION FINDEN

In *Freakonomics* bemühen sich die Autoren darum, hinter die Fassade der heutigen Welt zu blicken, und zu diesem Zweck bestimmte Phänomene und Verhaltensweisen zu deuten. Dazu wenden sie analytische Verfahren der Wirtschaftswissenschaften auf Alltagsphänomene an, um die wahren Gründe und Nebenfaktoren zu beleuchten, die bei zahlreichen Ereignissen eine Rolle gespielt haben. Ihre Erklärungen stimmen oft nicht mit denen anderer Wissenschaftler oder Politiker überein, die versuchen, Ursachen und Ergebnisse intentional zu verbinden, weil bestimmte Zusammenhänge eher ihrem eigenen Interesse entsprechen. Im Kern geht es den Autoren darum, konventionelles Wissen für verschiedene Themenbereiche mit ökonomischen Theorien infrage zu stellen. Damit versuchen sie, die Komplexität des modernen Lebens zu entwirren.

<u>**SCHLÜSSELINFORMATIONEN**</u>

- **Referenzwerk:** *Freakonomics: A Rogue Economist Explores the Hidden Side of Everything*
- **Deutsche Version:** *Freakonomics: Überraschende Antworten auf alltägliche Lebensfragen*
- **Autoren:** Steven Levitt (Professor für Ökonomie an der University of Chicago) und Stephen Dubner (Journalist und Schriftsteller)
- **Erstausgabe:** 2005
- **Kontext:** Mikroökonomik und Verhaltenslehre
- **Schlüsselwörter:**
  - <u>Anreize</u>: Ein Anreiz verspricht einem Individuum einen Mehrwert und bestärkt es dadurch, sein Verhalten zu ändern, um von diesem Mehrwert profitieren zu können.
  - <u>Konventionelles Wissen</u>: Weit verbreitete Alltagsweisheiten, die jedoch trotz ihrer hohen Bekanntheit nicht zwingend wahr sein müssen.

- <u>Informationsasymmetrie</u>: In der Ökonomie spricht man von Informationsasymmetrie, wenn eine Partei einer Transaktion mehr Informationen besitzt als eine andere und dadurch bessergestellt ist.
- <u>Die Macht der Information</u>: Gemäß einem Sprichwort geht Macht mit Wissen einher. Wissen beziehungsweise Informationen mit denjenigen zu teilen, die zuvor nicht darüber verfügten, kann folglich zu mehr Gerechtigkeit führen. Betrachtet man das Internet als große Quelle von Informationen, die vielen Menschen den Zugang dazu ermöglicht, so kann es als machtausgleichendes Instrument gesehen werden.

EINLEITUNG

ZU DEN AUTOREN

Freakonomics wurde von Steven Levitt, einem Wirtschaftswissenschaftler mit unkonventionellem Forschungsinteresse, und Stephen Dubner, einem Journalisten der *New York Times*, gemeinsam erarbeitet. Levitt studierte in Harvard und am Massachusetts Institute of Technology. Im Jahr 2003 wurde ihm die renommierte John Bates Clark Medal der American Economic Association verliehen, eine Auszeichnung für amerikanische Ökonomen unter 40 Jahren, die einen herausragenden Beitrag zum ökonomischen Denken und Wissen geleistet haben.[1] Da Levitt sich als Professor an der Universität Chicago in den Wirtschaftswissenschaften einen Namen machen konnte, wurde die Zeitschrift *The New York Times Magazine* auf ihn aufmerksam und arrangierte ein Treffen zwischen ihm und dem

---

1. Weitere Informationen können auf der Internetseite der American Economic Association nachgelesen werden (auf Englisch): https://www.aeaweb.org/about-aea/honors-awards/bates-clark (13.11.2019).

Journalisten Stephen Dubner, um einen Artikel für ein Porträt über das junge Talent erstellen zu lassen. Der Erfolg dieser Veröffentlichung führte dazu, dass Dubners Literaturagent den beiden vorschlug, gemeinsam ein Buch zu schreiben. So begannen sie, die Rätsel des Alltags genauer zu untersuchen.

HINTERGRUND

Das Buch wird der Gattung der wirtschaftswissenschaftlichen Populärliteratur zugeordnet, die Kernelemente ökonomischer Theorien in verständlicher Sprache erklärt. Dadurch sollen abstrakte Forschungserkenntnisse auch für die breite Masse der Bevölkerung zugänglich gemacht werden. Vorreiter dieses speziellen Genres war Steve Landsburg mit dem Titel *Armchair Economist* aus dem Jahr 1993. Dieses Werk hob, wie auch *Freakonomics*, die große Bedeutung von Anreizen in der Ökonomie hervor. Wirtschaftswissenschaftliche Populärliteratur ist eine Unterkategorie der allgemeinen populärwissenschaftlichen Literatur, die seit den frühen 2000er Jahren beliebt ist, also dem Zeitpunkt, zu dem auch *Freakonomics* erschien. Literatur, die schwer verständliche, wissenschaftliche Konzepte in einer unterhaltsamen Weise vermittelt, kann bei einem breiten Publikum sehr gut ankommen, was sich auch an den Verkaufszahlen von *Freakonomics* widerspiegelt.

Gemeinsam mit Malcolm Gladwells *Tipping Point* setzte *Freakonomics* einen Trend. Ein aktuelleres Beispiel für wirtschaftswissenschaftliche Populärliteratur ist Daniel Kahnemans *Schnelles Denken, langsames Denken* aus dem Jahr 2011.

ZUSAMMENFASSUNG VON *FREAKONOMICS*

Die Autoren nähern sich in *Freakonomics* sozialen Fragestellungen aus einer wirtschaftswissenschaftlichen Perspektive an, um herauszufinden, warum sich Dinge so entwickeln, wie sie sich entwickeln. Mehrere Situationen werden skizziert, um den Nutzen einer Verhaltensanalyse von einem wirtschaftlichen Standpunkt aus hervorzuheben. Die Lesenden sollen dabei besonders für die Bedeutung von Anreizen, die Macht der Information und den Unterschied zwischen Korrelation und Kausalität sensibilisiert werden. Diese Themen werden mehrmals in *Freakonomics* aufgegriffen und miteinander in Beziehung gesetzt. Die Betrachtung von Beispielen der realen Alltagswelt erleichtert das Verständnis des ökonomischen Blickwinkels. Um auf möglichst wenige Details verzichten zu müssen und dennoch eine gewisse Kürze zu bewahren, wird sich diese Zusammenfassung auf die wichtigsten Kapitel von *Freakonomics* konzentrieren. Die Autoren befassen sich darüber hinaus jedoch auch mit Fragen zur Kindererziehung und zu Vornamen.

ANREIZE ALS HAUPTURSACHEN DER MOTIVATION

Anreize und ihr starker Effekt auf das menschliche Verhalten bilden die fundamentalen Grundlagen für das Weltverständnis der Autoren. Anreize stellen schon lange einen Forschungsgegenstand der Wirtschaftswissenschaften dar und Levitt und Dubner nutzen sie, um sowohl erwünschtes als auch unerwünschtes Verhalten zu erklären.

Einige Anreize sind stärker als andere, manche erzeugen einen gewünschten Effekt, während andere dies nicht tun. Als Fallstudie führen die Autoren unter anderem Kindertagesstätten an, die von Eltern, die ihre Kinder zu spät abholten, zur Strafe einen Geldbetrag von drei Dollar verlangten. Anstatt auf diesen Anreiz mit dem gewünschten Verhalten zu reagieren, nahm die Anzahl der Eltern, die zu spät zur Abholung erschienen, sogar zu. Die Autoren erklären sich diese Entwicklung damit, dass der Betrag von drei Dollar zu niedrig war, um als ernstzunehmender Anreiz verstanden zu werden und letztlich eine Verhaltensänderung zu bewirken. Zudem war der Anreiz falsch konstruiert worden. Mit der Strafe von drei Dollar wurde nicht etwa ein moralischer Anreiz gesetzt, der das Denken der Eltern veränderte, sondern es wurde ein ökonomischer Anreiz geschaffen. Die Eltern konnten sich sehr einfach von ihrem moralischen Fehlverhalten mit Geld „freikaufen".

Neben ökonomischen und moralischen Anreizen identifizieren die Autoren zusätzlich soziale Anreize, die Individuen davon abhalten, gesellschaftliche Normen zu missachten. Die potenzielle Sanktionierung, die Abweichungen nach sich ziehen könnten, wirkt dabei als Anreiz, entsprechendes Verhalten zu unterlassen.

Zu starke Anreize können jedoch auch betrügerisches Verhalten provozieren. Dies wird unter anderem am Beispiel des öffentlichen Schulsystems in Chicago illustriert, als dort Tests eingeführt wurden, die die Schließung einer Einrichtung oder die Entlassung von Personal nach sich ziehen konnten, sollten sie schlechte Lernfortschritte bei den Schülern aufdecken. Die Entscheidung, die Tests mit einem derart hohen Risiko zu verbinden, führte dazu, dass insbesondere Lehrkräfte in schwächeren Schulen Angst um ihre Anstellung hatten und daher einen Anreiz sahen, zu betrügen.

Auch bei Sumoringern ließ sich ein merkwürdiges Verhalten feststellen. In *Freakonomics* wird eine statistische Untersuchung erläutert, die von Levitt und einem weiteren Wissenschaftler durchgeführt wurde. Sie blickten hinter die Kulissen der heiligen, japanischen Kampfkunst und analysierten Daten aus hunderten Kämpfen verschiedener Jahre. Auffällig war, dass Sumoringer, die sich bereits eine sichere Qualifikation erarbeitet hatten, häufig einen Kampf verloren, wenn dem Gegner nur noch ein Sieg zu einer Qualifikation fehlte. Da mit der Qualifikation enorme Verdienststeigerungen einhergehen, folgerten die Autoren, dass ökonomische Anreize im traditionsreichen Sumo dazu führen, dass die Sportler sich absprechen und betrügen.

DIE MACHT DER INFORMATIONEN UND DIE BEDEUTUNG IHRER VERTEILUNG

In der wirtschaftswissenschaftlichen Theorie ist häufig von Informationsasymmetrie bei Transaktionen die Rede. Wie der Begriff bereits andeutet handelt es sich um Situationen, in denen zwei Parteien nicht über das gleiche Maß an Information verfügen, sondern eine Partei einen Vorsprung durch zusätzliche Details hält. Die Partei, die diese Details nicht kennt, riskiert daher unbewusst in eine Transaktion einzuwilligen, deren Umstände die Partei mit dem Informationsvorsprung bevorteilen.

Levitt und Dubner legen dar, dass Informationsasymmetrie auch Auswirkungen auf Beziehungen abseits der wirtschaftswissenschaftlichen Theorie haben kann. Erneut nutzen sie ein Beispiel zur Verdeutlichung des Sachverhalts und stellen sich die Frage, ob ein Immobilienmakler tatsächlich dieselben Interessen vertritt, wie die Person, deren Besitz er verkauft. Levitt beobachtete, dass Makler Käufern häufig dazu raten, ein Angebot unter den Preisvorstellungen des Verkäufers abzugeben. Würde der Makler ausschließlich im Interesse des Verkäufers handeln, dürfte er derartige Vorschläge eigentlich nicht machen. Anders als nach außen hin propagiert, hat der Makler jedoch einen starken Anreiz, eine Immobilie in möglichst kurzer Zeit zu vermitteln und nur einen schwachen Anreiz, einen möglichst hohen Preis für den Verkäufer zu erzielen. Dies liegt an der recht geringen Beteiligung des Maklers an der Höhe des Kaufpreises, die nur bei wenigen Prozent liegt. Der Makler ist folglich nicht motiviert, um einen möglichst hohen Preis zu kämpfen, da er davon letztlich im Gegensatz zum Verkäufer nur in relativ geringem Umfang profitiert. Daher wird sich der Makler bemühen, eine Immobilie schnell zu vermitteln und zum nächsten Auftrag überzugehen, anstatt zusätzliche Zeit darin zu investieren, einen höheren Erlös für den Verkäufer zu erzielen.

In diesem alltäglichen Beispiel spielen also nicht nur Anreize eine Rolle, sondern auch die Informationsasymmetrie. Da zunächst nur der Makler Kontakt zu den Kaufinteressenten hat, kann er einem Verkäufer gegenüber behaupten, dass dieser bereits das bestmögliche Angebot erhalten hat, auch wenn zuvor zu einer Summe unterhalb der Vorstellungen des Verkäufers geraten wurde. Ein Verkäufer, der sich mit dem Preisspiegel ähnlicher Immobilien nicht auskennt, wird auf das Spezialwissen des Maklers vertrauen und von einem guten Angebot ausgehen. Anders sieht es aus, wenn es dem

Verkäufer gelingt, die Informationsasymmetrie aufzulösen und die wahren Preise für vergleichbare Immobilien herauszufinden. Er wird dem Makler dann nicht länger vertrauen. Dabei spielt das Internet eine entscheidende Rolle, den Zugang zu Informationen zu erleichtern und die Asymmetrien zwischen Laien und Experten auszugleichen. Trotzdem gibt es auch weiterhin unzählige Szenarien, in denen die Informationen trotz des Internets ungleich verteilt sind. Noch immer ist es daher möglich, dass eine Partei vorgeben kann, im Interesse einer anderen zu handeln, obwohl sie eigentlich Informationen zurückhält, um opportunistische Ziele zu verfolgen.

Die Autoren führen eine weitere Geschichte an, in der es um die Auflösung einer Informationsasymmetrie in der Zeit vor dem Internet geht. Stetson Kennedy hatte sich zum Ziel gesetzt, den Ku-Klux-Klan von innen heraus zu demontieren. Indem er Geheimnisse des Klans in einer Radioshow öffentlich machte, konnten Millionen Amerikaner etwas über die Vereinigung erfahren. Auf diese Weise verringerte sich die Informationsasymmetrie zwischen den Anhängern der rassistischen Organisation und der Öffentlichkeit. Manche Menschen nahmen die Aufmärsche daraufhin nicht mehr ernst, andere machten gegen den Rassismus mobil. Diejenigen, die darüber nachdachten, sich dem Ku-Klux-Klan anzuschließen, könnten letztlich aufgrund der allgemeinen Meinung, dass es sich bei der Vereinigung lediglich um eine hasserfüllte Gruppe ohne wirkliches Ziel handelte, davon abgehalten worden sein. Erneut bestätigt sich hier das geflügelte Wort: Wissen ist Macht.

KONVENTIONELLES WISSEN HINTERFRAGEN

Indem sie gezielt Fragen stellen und wirtschaftswissenschaftliche Theorien für die Suche nach einer Antwort verwenden, decken Levitt und Dubner auf, dass konventionelles Wissen oft nicht der Wahrheit entspricht. *Freakonomics* lädt die Lesenden ein, Fragen aus einer anderen Perspektive zu betrachten, und zeigt auf, dass es möglich ist, die Rätsel der Gesellschaft zu entschlüsseln.

In den 1990er Jahren verbreiteten viele Polizeidienststellen in den Vereinigten Staaten die Warnungen vor Drogengangs mit enormen finanziellen Ressourcen, die Crack auf den Straßen verkaufen und Bandenkriege gegeneinander austragen würden. Indem sie ihren Status als Experten und die Informationsasymmetrie ausnutzten, sorgten sie für die Entstehung des Bildes vom Drogenmillionär, der im Schwarzgeld schwimmt. Dieses Bild verankerte sich nach und nach im kollektiven Gedächtnis und wurde schließlich konventionelles Wissen. Levitt und Dubner bedienten sich der Daten des Soziologen Sudhir Venkatesh, die dieser während einer Feldstudie in einem Obdachlosenheim durch den Kontakt zu einer Drogengang Chicagos gesammelt hatte, um diesen kollektiven Eindruck zu widerlegen. Zudem wollten sie der Frage auf den Grund gehen, wieso viele Drogendealer noch bei ihren Müttern wohnten. Ein Mitglied der untersuchten Gang hatte Ausgaben und Einnahmen während eines Zeitraums von vier Jahren genau festgehalten. Daraus ergab sich, dass der durchschnittliche Stundenlohn eines Crackdealers bei 3,30 Dollar lag. Dies macht klar, dass die meisten der Dealer nicht den verschwenderischen Lebensstil pflegen können, den die Öffentlichkeit mit ihnen in Verbindung bringt. In dem Glauben eines Tages zu einem der Bandenführer aufzusteigen, verkauften sie Drogen auf der Straße und die Aussicht auf ein besseres Leben schien Anreiz genug zu sein, dass sie in Kauf nahmen, einer illegalen Tätigkeit nachzugehen. Es erschien ihnen sogar sinnhafter, als eine Karriere als Arzt oder Betriebswirt anzustreben. Doch die Aufstiegschancen in der Medizin oder der freien Wirtschaft sind im Grunde genommen ähnlich gering wie in der Drogenszene. Immer wenn sehr viele Menschen um sehr wenige Positionen konkurrieren, muss man sich als Individuum von der Masse abheben, um berücksichtigt zu werden. Dieser Zusammenhang gilt für aufstrebende Schauspieler genauso wie für Nachwuchspolitiker oder junge Kriminelle.

Verbrechen, die mit dem Handel oder Konsum von Crack zu tun hatten, trübten die ohnehin steigenden Kriminalitätsraten in den Vereinigten Staaten zusätzlich und veranlassten den bekannten Kriminalwissenschaftler James Alan Fox dazu, eine drohende Katastrophe vorherzusehen. Doch Levitt und Dubner fanden eine wissenschaftliche Erklärung dafür, wieso es letztlich nicht dazu gekommen ist.

DIE BEZIEHUNG ZWISCHEN URSACHE UND WIRKUNG: DIE AUSWIRKUNGEN DER LEGALISIERUNG DER ABTREIBUNG AUF DIE KRIMINALITÄTSRATE IN DEN VEREINIGTEN STAATEN

Das vermutlich bekannteste Kapitel in *Freakonomics* beschäftigt sich mit den sinkenden Kriminalitätsraten im Amerika der 1990er Jahre, obwohl viele Politiker und Kriminologen zu dieser Zeit behaupteten, dass die Zahl der Verbrechen in Amerika unumkehrbar zunehmen würde. Als es unerwartet zu einem Absinken der Kriminalitätsrate kam, führten Experten dies auf eine Reihe von Gründen zurück. Einige argumentierten mit dem strengeren Strafrechtssystem und der gestiegenen Zahl der Haftstrafen, andere glaubten, eine Verbindung zu innovativeren Polizeistrategien herstellen zu können und wieder andere sahen einen Zusammenhang zwischen dem Rückgang der Kriminalitätsrate und dem Einbruch des Crackmarktes. Levitt und Dubner gehen davon aus, dass es in der Natur des Menschen liegt, eher zwischen naheliegenden Faktoren eine kausale Beziehung herstellen zu wollen, als entfernte, subtile Ursachen in die Überlegungen miteinzubeziehen, und dass diese Gedankenlogik deshalb Teil einer gesellschaftlich anerkannten Ideologie wurde. Mit Nachdruck erinnern sie daher daran, dass Korrelation nicht mit Kausalität gleichzusetzen ist.

Korrelationen lassen sich mittels statistischer Rechenverfahren, sogenannter Regressions-analysen (vgl. S. 210ff.), beweisen, jedoch sagt ein festgestellter Zusammenhang zwischen zwei Phänomenen noch nichts über die Art dieser Beziehung aus. Es kann also beispielsweise nicht einfach angenommen werden, dass die kurz zuvor eingeführte, neue polizeiliche Strategie die Ursache für den Rückgang der Kriminalitätsraten ist, nur weil zwischen diesen beiden Phänomenen ein gewisser Zusammenhang besteht.

Die Autoren sehen die Entscheidung „Roe v. Wade" des Supreme Courts aus dem Jahr 1973 als entfernte, jedoch gleichzeitig maßgebliche Ursache, wenn es um die Veränderungen in der Kriminalitätsstatistik geht. Das Grundsatzurteil erklärte die strengen Vorschriften bezüglich der Abtreibung als gesetzeswidrig. Levitts und

Dubners Forschungsergebnisse schwächten die Bedeutung neuer Polizeistrategien und strengerer Waffengesetze als begünstigende Faktoren zur Senkung der Kriminalitätsrate ab, obgleich auch die beiden Autoren die These unterstützen, dass zusätzliche Sicherheitskräfte und mehr Haftstrafen zur Senkung der Verbrechenszahlen beigetragen haben.

Ihren Analysen nach waren es jedoch vor allem die Lockerungen des Abtreibungsrechts im Jahre 1973, die „alles veränderte[n]" (S. 8). Die Argumentation setzt bei den Frauen an, die vom Urteil zur Abtreibung profitieren. Laut den Autoren trifft auf die meisten dieser Frauen wenigstens eines der folgenden Merkmale zu: Sie sind von Armut betroffen, alleinstehend, haben nur geringe Bildung, oder lehnen den Gedanken Mutter zu werden ab. Kinder die in derartige familiäre Verhältnisse hineingeboren werden, werden mit einer höheren Wahrscheinlichkeit später kriminell. Als es nach dem Gerichtsbeschluss einfacher wurde, einen Schwangerschaftsabbruch durchführen zu lassen, konnten sich Frauen für eine Abtreibung entscheiden, die kein Kind bekommen wollten, oder davon ausgingen, dass sie sich nicht in einer Position befanden, die es ihnen erlaubte, ein Kind zu bekommen. Folglich wurden auch weniger Kinder geboren, die später mit einer erhöhten Wahrscheinlichkeit zu Kriminellen hätten werden können. Daher fehlte in den 1990er Jahren eine gesamte gesellschaftliche Generation potenzieller Krimineller.

REZEPTION

Seit seinem Erscheinen im Jahr 2005 wurden von *Freakonomics* über vier Millionen Exemplare verkauft und das Buch wurde in 35 Sprachen übersetzt. Der weltweite Bestseller, für den sich auch zahlreiche Rezensenten interessierten, erreichte ein weitaus größeres Publikum, als nur die Menschen, die bereits Vorkenntnisse in Betriebswirtschaftslehre hatten.

Die vorgestellten Ergebnisse der statistischen Analysen wurden von den entsprechenden Behörden aufgenommen. Im Zuge der Untersuchung, mit der die Wissenschaftler feststellten, dass Betrügereien im staatlichen Schulsystem Chicagos beim Lehrpersonal um sich griffen, wurden 12 Lehrkräfte entlassen.

KRITIK

Zahlreiche Kritiker meldeten Zweifel an den Thesen und Beweisführungen in *Freakonomics* an, was jedoch dem globalen Erfolg und den Verkaufszahlen nicht schadete. Dabei hat das Kapitel über Ursache und Wirkung des Rückgangs der Kriminalitätsrate der 1990er Jahre vermutlich die größten Kontroversen ausgelöst. Gegner und Befürworter des Abtreibungsverbotes meldeten sich ebenso zu Wort wie Wirtschaftswissenschaftler. Nach der Erstveröffentlichung wurde festgestellt, dass die Datenanalyse, die angeblich so eindeutig einen Zusammenhang zwischen der Legalisierung der Abtreibung und dem Rückgang der Kriminalität in den folgenden Jahren bewiesen hatte, statistische Rechenfehler enthielt. Levitt und Dubner überarbeiteten daraufhin ihr Messverfahren, wobei einige Experten auch dann noch bezweifelten, dass das mathematische Vorgehen korrekt und die daraus gewonnenen Erkenntnisse stichhaltig waren.

Andere Ökonomen, darunter Jim Heckman, warfen *Freakonomics* vor, wirtschaftliche Konzepte zu stark zu vereinfachen und bewusst auf komplexe Fragen nicht einzugehen, die in der Wissenschaft Teil vieler Forschungen sind. Die Darstellung in *Freakonomics* nannten sie abwertend „cute-o-nomics" (übersetzt in etwa „verniedlichte Ökonomie") und sie äußerten sich geringschätzig gegenüber der Massenliteratur, die seitdem an den Erfolg des Bestsellers anknüpfen will.

Im Kontext der Finanzkrise erschien *Freakonomics* im Lichte einer Kultur, in der sich Wirtschaftswissenschaftler zu sehr auf ihre konstruierten Methoden und Modelle verlassen. Im Gegensatz dazu stellten große Teile der Bevölkerung nach dem Bankencrash die Grundannahmen des wirtschaftlichen Denkens zunehmend infrage.

AUSWIRKUNGEN

Angesichts des großen Erfolgs von *Freakonomics* verfassten die beiden Autoren noch drei weitere Bücher zusammen: Die Fortsetzung mit dem Titel *SuperFreakonomics* (2009), das Werk *Think like a Freak* (2014), in dem die Denkmuster der Autoren erläutert werden, und *Wann Sie eine Bank überfallen sollten* (2015), eine Sammlung der besten Blogeinträge der mit der Veröffentlichung von *Freakonomics* gestarteten Website. Dubner produziert zudem einen wöchentlich erscheinenden Podcast unter dem Namen *Freakonomics Radio*, in dem er verschiedene Experten interviewt.

Nachdem das Buch als Nischenprodukt, jedoch mit einer neuen Sicht auf die Welt gestartet war, entwickelte es sich über die Jahre zu einer eigenen Marke.

Ein Kapitel über die Erderwärmung in *SuperFreakonomics* führte jedoch zu Kontroversen und heftiger Kritik aus den Medien. Levitt und Dubner sahen sich Anschuldigungen der Falschinformation ausgesetzt und es schien so, als wäre die Methode wirtschaftswissenschaftliche Theorien auf Alltagsphänomene anzuwenden beim Klimawandel an ihre Grenzen gestoßen. Die Autoren stellten sich dieser Kritik, indem sie die meisten ihrer Forschungsergebnisse verteidigten, jedoch gleichzeitig einige tatsächliche Fehler in ihren Untersuchungen einräumten. Auch wenn dies dem positiven Bild, das die Öffentlichkeit von *Freakonomics* hatte, einen Dämpfer erteilte, ist die Reichweite, der Einfluss und der Informationsgehalt des Buches nicht wegzudiskutieren.

ZUSAMMENGEFASST

- Freakonomics wurde im Jahr 2005 veröffentlicht und wurde zu einem Bestandteil der Populärkultur.
- Die Autoren beschäftigen sich mit der Bedeutung von Anreizen, die ökonomischer, moralischer, oder sozialer Natur sein können. Sie erklären: „Ein Anreiz ist eine Kugel, ein Druckmittel, ein Schlüssel: Manchmal ist es nur eine Kleinigkeit mit der erstaunlichen Macht, eine Situation zu ändern" (S. 39).
- Interaktionen und individuelle Entscheidungen werden von Machtasymmetrie beeinflusst. Sie stellen fest: „Information ist die Währung des Internets" (S. 99). Durch das Internet erhält ein großes Publikum Zugang zu Informationen, die zuvor Experten vorbehalten waren.
- Die Autoren wollen konventionelles Wissen infrage stellen. Konventionelles Wissen kann wahr sein, doch es wird nur selten auf seinen Wahrheitsgehalt überprüft und kann nur schwer wieder verändert werden (vgl. S. 127). Um die Einstellung zu konventionellem

Wissen bei den Lesenden zu verändern, gehen die Autoren Alltagsphänomenen mit statistischen Analysen auf den Grund.

- Korrelation und Kausalität dürfen nicht gleichgesetzt werden. Nur weil zwei Ereignisse zur selben Zeit stattfinden, bedeutet das nicht, dass eines das andere ausgelöst hat, auch wenn es auf den ersten Blick danach aussieht. Eine Regressionsanalyse kann zeigen, inwieweit zwei Datensätze tatsächlich miteinander korrelieren.

Ihre Meinung ist uns wichtig!
Hinterlassen Sie doch einen Kommentar auf der
Seite unserer Online-Buchhandlung
und teilen Sie Ihre Favoriten in den sozialen
Netzwerken!

DARÜBER HINAUS

LITERATURVERZEICHNIS

- Dubner, Stephen: „Global Warming in SuperFreakonomics: The Anatomy of a Smear." Freakonomics Blog. (18.10.2009). http://freakonomics.com/2009/10/18/global-warming-in-superfreakonomics-the-anatomy-of-a-smear/ (13.11.2019).

- Dutcher, Jennifer: „Freakonomics by Steven D. Levitt and Stephen J. Dubner. Book Review." *Berkley School of Information. datascience@berkley.* (09.10.2013). https://datascience.berkeley.edu/freakonomics-data-science/ (13.11.2019).

- Levitt, Steven; Dubner, Stephen: Freakonomics. Aus dem Englischen von Gisela Kretzschmar. Riemann: München 2006.

- Scheiber, Noam: Freaks and Geeks. The New Republic. (02.04.2007). https://newrepublic.com/article/62561/freaks-geeks (13.11.2019).

- *The Economist*: „Oops-onomics." (01.12.2005). https://www.economist.com/finance-and-economics/2005/12/01/oops-onomics (13.11.2019).

- *The Guardian*: „The Guardian view on Freakonomics: quirky, charming and far too ambitious." (23.05.2015). https://www.theguardian.com/commentis-free/2015/may/29/guardian-view-on-freakono-mics-quirky-charming-too-ambitious (13.11.2019).

WEITERFÜHRENDE LITERATUR

- Offizielle Website und Podcast Freakonomics (auf Englisch): http://freakonomics.com/ (13.11.2019).

- Gladwell, Malcolm: *Tipping Point.* Aus dem Englischen von Malte Friedrich. Goldmann: München 2016.

- Kahneman, Daniel: *Schnelles Denken, langsames Denken.* Aus dem Englischen von Thorsten Schmidt. Siedler: München 2012.

- Levitt, Steven; Dubner Stephen: *SuperFreakonomics.* Aus dem Englischen von Gisela Kretzschmar. Goldmann: München 2011.

- Levitt, Steven; Dubner Stephen: *Think like a Freak.* Aus dem Englischen von Peter Kobbe. Goldmann: München 2016.

- Levitt, Steven; Dubner Stephen: *Wann Sie eine Bank überfallen sollten.* Aus dem Englischen von Andreas Simon dos Santos. Penguin: München 2017.

- Samygin-Cherkaoui, Anastasia: *Tipping Point. Zusammenfassung & Analyse des Bestsellers von Malcolm Gladwell. Die kleinen Dinge machen den Unterschied.* Aus dem Französischen von Ruth Alvermann. Plurilingua Publishing: Brüssel 2018.

SCHMÖKERN SIE SICH SCHLAU!

www.50Minuten.de